e-Learning for the TOEIC® LISTENING AND READING TES

JN112962

改訂版

u-CAT:
eラーニングによる
新テスト対応
TOEIC® L&R TEST

朝日出版社

《TOEIC® L&R 頻出単語600語例文和訳閲覧》

https://text.asahipress.com/free/dlenglish/ucatlr/

TOEIC® L&R 頻出単語600語の例文の日本語訳が、
上記ウェブサイトにて無料で見られます。

改訂版 u-CAT: e ラーニングによる新テスト対応 TOEIC® L&R TEST
© 2016 Asahi Press Inc.

表紙デザイン：大下賢一郎

はじめに

■ u-CAT とは？

インターネットを利用し、PCでもスマートフォンでも学習できるTOEIC® LISTENING AND READING TEST（以下TOEIC® L&R）対策のeラーニングです。CAT機能（Computer Adaptive Testing）によりひとりひとりの英語力を分析、現在の自分の実力に応じた問題が出題されますので、学習者のレベルを問いません。

■ u-CAT による学習とは？

本書の目的は「u-CATを利用して、だれもが極めて効果的に、しかも気軽に、TOEIC® L&R対策を行えるようにすること」ですが、ではu-CATはどのような学習を利用者に提供しているのでしょうか。

u-CATによる学習は、《テストで実力判定と弱点分析》→《ホームワークで弱点対策とレベルアップ学習》というセットを3回繰り返し、最後にもう一度テストを受けて実力アップを確認する、という流れになっています。

テストは2016年にアップデートされたTOEIC® L&Rの形式に準拠しており、1回分は100問で構成されています。実際のTOEIC® L&Rは200問で構成されていますから、u-CATのテストはいわゆる「ハーフテスト」です。1回分のテスト時間も、実際のものの半分である1時間で済むように設計されています。

また、u-CATで「ホームワーク」と呼ばれるものは、一般的な意味での「宿題」のことではなく、「課題別の学習」というようなものです。ホームワークは弱点パート学習、弱点パターン学習、レベルアップ学習の3つから成り立ち、それぞれが1回当たり50問の練習問題で構成されています。つまり、1回分のホームワークは50問×3種類＝150問の練習問題で構成されているのです。

テストの問題もホームワークの問題も、CAT機能によって、その学習者個人に最も適したものが出されます。各問題は、単に解くだけでなく、解答・解説を見て復習をすることができるようになっています。リスニング問題の復習をする場合は、問題の音声を何度も繰り返して聞くことが可能です。

なお、合計4回受けるテストのそれぞれについて、コンピュータによる「診断評価書」を見ることができます。トータルスコア、リスニングとリーディングのセクション別スコアなどはもとより、弱点の詳細な分析とその克服法など、学習の指針となる情報もそこに記載されています。

また、本書にはTOEIC® L&R頻出単語600語を例文と共に掲載しています。eラーニングでの学習と併せて単語力強化にお役立てください。

それでは、実際にu-CATとTOEIC® L&R頻出単語600語をご活用いただき、TOEIC® L&Rでの大幅なスコアアップを実現させてください。

2020年10月　　朝日出版社「u-CAT」事業部

目　次

U-CAT 簡単ご利用ガイド

■ どんなレベルの人もスコアアップ

標準模試で正確な実力分析をした上で、ユーザーひとりひとりに最適な弱点強化学習を提供します。ですから、どんなレベルの人にも学習効果を発揮するシステムです。

■ 学習内容

- テストは 100 問・1 時間のハーフテストで、途中での中止・再開が自由。
- テストは、期間中に最高 4 回まで受けられます。
- テスト終了後すぐに、スコア、○×一覧、詳細な実力分析レポートが見られます。
- テストは、実際の TOEIC テストと同様のスコア算出方法になっています。
- 実力分析に基づいて、あなたに最適の弱点強化学習（ホームワーク）を提供します。
- 弱点強化学習の内容はユーザーごとに異なります。

＜学習内容＞	＜学習時間の目安＞
◆診断テスト	約 1 時間
◇第一回ホームワーク	約 1 時間半
◆第 1 回模擬テスト	約 1 時間
◇第二回ホームワーク	約 1 時間半
◆第 2 回模擬テスト	約 1 時間
◇第三回ホームワーク	約 1 時間半
◆第 3 回模擬テスト	約 1 時間

上記各学習に対して、「解答と解説」をご覧いただけます。

復習することがレベルアップにつながりますので、受検するだけでなく、復習もあわせて行ってください。

■ スマートフォンでもパソコンでも自由に学習

スマートフォンと Windows PC を連動させた学習が可能です。

複数デバイスでの利用が可能ですので『自宅のパソコンで模擬試験を受検、通勤通学中にスマートフォンで復習』など使い分けができて便利です。

● CAT 版で学習される際のご注意

CAT 版はその特性上（＊）、模擬テスト受験中も 1 問ごとにサーバーとの通信を行う必要があり、高速かつ安定した通信環境が要求されます。不安定な通信環境ですとテスト受験中に通信障害による不具合が発生する可能性もございます。大事なテスト受験の場合（テスト結果が学校での成績に関わるなど）には、従来通り Windows PC を使用される事を推奨いたします。

（＊）正答 ⇒ 次問題の難易度アップ、誤答 ⇒ 次問題の難易度ダウンを出題ごとに実行

■ 動作環境

◆ PC: 日本語版 Windows 10/8（8.1）/7（32 ビット版 /64 ビット版対応）

※ Windows 8 の場合、メトロアプリ側のブラウザでは動作しません。デスクトップ側のブラウザで動作します。

※推奨ブラウザ：Microsoft Edge / Google Chrome / Internet Explorer

『u-CAT』学習までの流れ

■ パソコンでの学習のご利用案内（3ページ参照）

1．「u-CAT」の学習サイトへアクセスする

2．学習に必要なソフトウェアをインストールする

3．ログインする

4．学習を開始する

5．よくあるご質問（PC 版）

■ スマートフォンでの学習のご利用案内（11ページ参照）

1．スマートフォンアプリをインストールする

2．ログインする

3．学習を開始する

4．よくあるご質問（スマートフォン版）

■ パソコンでの学習のご利用案内

1．「u-CAT」の学習サイトにアクセスする

ブラウザを開き、学習サイト（https://www.u-cat.jp/toeic/lr/）へアクセス

↑（エル・アール）

※推奨ブラウザ：Microsoft Edge / Google Chrome / Internet Explorer

※ Google Yahoo 等で検索するのではなく、アドレスバーに直接入力してください。

トップページ左上のログインボックスから新規会員登録をします。

【ユーザー登録】

ログインボックス内の「ユーザー登録」をクリックしてください。まず ID を登録し、その後、ユーザー情報をご入力ください。

【クラス登録】

学校＊	==学校を選択してください。== ∨
先生＊	講師を選択してください。 ∨
クラス＊	クラスを選択してください。 ∨

学校・先生・クラスを選択します。

ユーザー登録の完了後、確認メールが届きます。学習を行えるようにするには、登録した ID での教材認証が必要です。

※確認メールが届かなかった場合―迷惑メールボックスに入っているか、メールアドレスの入力ミス、プロバイダやセキュリティソフトによるメール拒否なども考えられます。登録されたかどうか心配な方

は、一度ご登録の ID ／パスワードでログインできるかお試しください。ログインできれば正常に登録されています。メールが届かなかった方で、確認メールの再送信をご希望される方は、サイト内の「お問い合わせメール」からお尋ねください。

【教材認証】

ログインボックス内「教材認証」をクリックして、テキストに同梱されている 12 桁のシリアルナンバーで教材認証を行ってください。

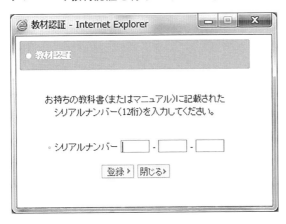

※「登録」ボタンを複数回押すと「教材認証済み」というエラーが出てしまいますので、クリックは一回のみにしてください。

2．学習に必要なソフトウェアをインストールする

※既にインストール済みの場合は不要です。

［インストール方法］

トップページの右下にある「プログラムダウンロード」というアイコンをクリック

⬇

【ダウンロード＆インストール時の警告画面について】

パソコンのセキュリティ設定によっては、Windows が上記のような実行確認画面を表示する場合がございます。

その場合、「詳細情報」をクリック⇒「実行」を行ってください。

※ Windows のバージョンによって表示が異なる場合がございます。

同様にセキュリティソフトが反応し上記のような実行確認画面を表示する場合がございます。

その場合も「実行する」「許可する」を選択してください。

※確認画面はセキュリティソフトによって異なります。
※詳細はお使いのセキュリティソフトのマニュアルをご参照ください。

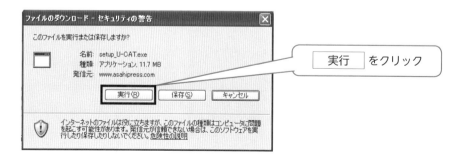

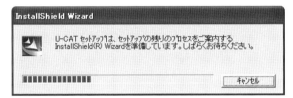

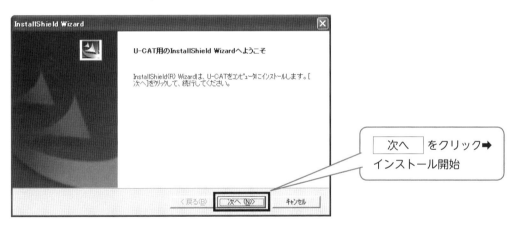

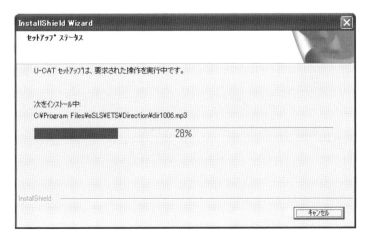

ダウンロード開始…

インストールウィザード準備中…

次へ をクリック➡
インストール開始

インストール中…

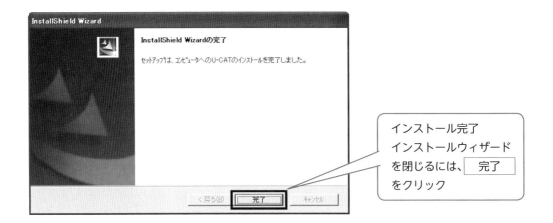

インストール完了
インストールウィザード
を閉じるには、 完了
をクリック

【インストール後の警告画面について】

パソコンの環境によっては、Windows が上記のような実行確認画面を表示する場合がございます。その場合、「このプログラムは正しくインストールされました」をクリックしてください。

3.ログインする

ブラウザを使い、学習サイト（ https://www.u-cat.jp/toeic/lr/ ）へアクセス

トップページ左上のログインボックスに
ＩＤとパスワードを入力

※ユーザー登録で設定したＩＤ・パスワードでログイン

4. 学習を開始する

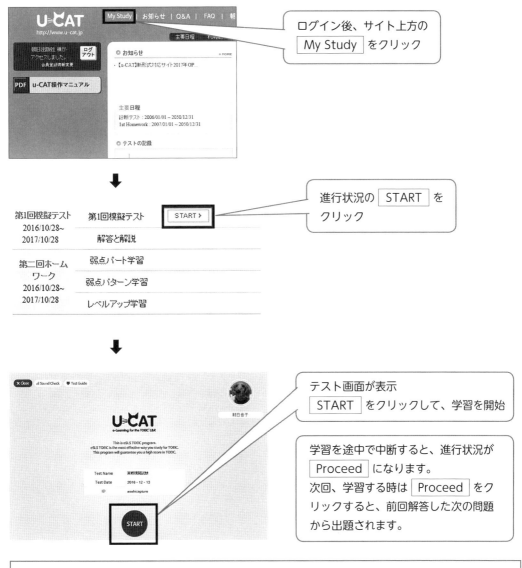

ログイン後、サイト上方の My Study をクリック

進行状況の START を
クリック

テスト画面が表示
START をクリックして、学習を開始

学習を途中で中断すると、進行状況が
Proceed になります。
次回、学習する時は Proceed をク
リックすると、前回解答した次の問題
から出題されます。

テストが終わると、ホームワークが出題されます。ホームワークの進め方もテストと同様です。

■ よくあるご質問（パソコン版）

Q. 教材認証を行ったのに「教材認証」の表示が消えない（「My Study」に入れない）。

A. シリアル登録の際に登録完了の画面が出る前に、連続して登録ボタンをクリックされたか、ブラ
ウザの一時記憶ファイルが悪さをして教材認証が完了しても教材認証の表示が消えてない可能
性があります。
一度ログアウトして再度ログインしてください。ログイン後「My Study」へと移動できれば問
題ございません。

Q. ［START（PROCEED）］を押してもテストが開始しない。

A. 考えられる原因と複数の対応策をご案内いたします。

【対応策1ー ブラウザが対応していない】
ブラウザは「Microsoft Edge」「Google Chrome」「Internet Explorer」をご利用ください。
他のブラウザでは「START」クリック後、正常に動作しない場合がございます。

【対応策2ー ソフトウェアのインストールがされていない】
ソフトウェアをインストールして下さい
u-CAT のトップページ右下の「プログラムダウンロード」をクリックしますとインストールできます

【対応策3ー ソフトウェアが正常にインストールされていない】
インストールを行った際に「ようこそ　プログラムを変更、修正、または削除します。」と表示が出た場合には、削除」を選択して頂き、ソフトのアンインストールを行います。アンインストール後にもう一度プログラムのインストールを行って下さい。

■サイトの利用方法に関する疑問やシステム上のトラブルなどに関しては、サイト上のＦＡＱ（よくある質問と回答）などをご参照願います。
■疑問やトラブルが解決できない場合は、サイト上のＱ＆Ａに書き込んでいただくか、サイト運営者へメール（info-ucat@asahipress.com）にてお問い合わせください。
※Ｑ＆Ａに書き込んだお問い合わせは、Ｑ＆Ａに書き込まれますのでご自身でご確認ください。

u-CAT アプリ利用の手引き

スマートフォンと Windows PC を連動させた学習が可能です。複数デバイスでの利用が可能ですので『自宅のパソコンで実力テストを受検、通学中にスマホで復習』など使い分けができて便利です。

■ 動作環境

◆ iPhone ／ iPod touch ／ iPad: iOS 9.0 以降。iPhone、iPad、および iPod touch に対応。

◆ Android:Android OS4.4 以降搭載の端末

（解像度は横 480 ×縦 800 ワイド VGA で、最適化されます。異なる解像度では一部の画面が正常に表示されない可能性があります）

また、一部機種では動作しない場合がございますので、予めご了承ください。

■ スマートフォンでの学習のご利用案内

1．スマートフォンアプリをインストールする
2．ログインする
3．学習を開始する
4．よくあるご質問（スマートフォン版）

1．スマートフォンアプリをインストールする

学習アプリ（無料）を以下サイトよりインストール（アプリ名：u-CAT 標準模試＋）

※アプリのダウンロードや利用に伴う通信費(パケット代)はお客様のご負担となります。通信費はご利用の通信会社、ご契約プランにより内容が異なりますので、詳細につきましては契約会社へお問い合わせください。

— iPhone ／ iPod touch ／ iPad で学習

https://itunes.apple.com/jp/app/toeic-biao-zhun-mo-shi+/id537137825
または AppStore 内で「u-CAT 標準模試」で検索し、［インストール］をタップ
（iPad の場合には iPhone アプリ側の検索結果で表示されます）

— Android で学習

https://play.google.com/store/apps/details?id=com.YBMSisa.UCat&feature
または [Google Play Store] にて、「u-CAT 標準模試」で検索し、［インストール］をタップ

2．ログインする

- インストールしたアイコンをタップして、アプリを起動させる。
- アプリのログイン画面の Site に「LR」、 ID ・ Password には学習開始時にブラウザ
で登録したものを入力。

※教材認証がまだの方はアプリではなく「ブラウザ」で認証を行ってください。 ➡ P.5

Site ：lr	（エルアール）
ID ：あなたの User ID	
Password：あなたの Password	

3．学習を開始する

「My Study」で学習することができます

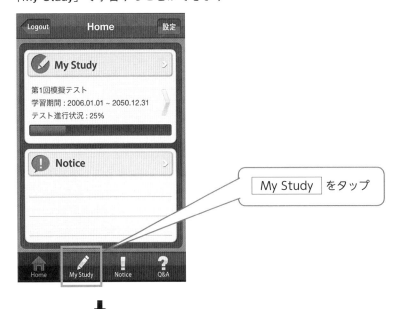

My Study をタップ

進行状況の START をタップ
（最初に、問題のダウンロードが始まります）

学習を途中で中断すると、進行状況が
Proceed になります。
次回、学習する時は Proceed をタップする
と、前回解答した次の問題から出題されます。

※３Ｇ・４Ｇ／ LTE 回線ご利用時は、パケット通信料定額サービスをご利用ください。
安定した通信環境での学習に関しましては Wi-Fi 環境を推奨いたします。

■ よくあるご質問（スマートフォン版）

（iPhone/iPad）

Q．リスニング問題でスクリプトの音声が再生されずに出題の音声が再生される。

Q．リーディング問題でスクリプトが表示されない（部分的に欠落する）

A．音声・画像データがダウンロードが正常に終了してな
い＆破損している可能性がございます。
HOME 画面右上の「設定」より、ダウンロードした音
声・画像データの削除を行って頂き、
音声・画像データをクリアしてから再度テスト問題の
ダウンロードを行ってください。

Q. テストスケジュール期間内なのに「指定された期間のみ学習できます」と表示され学習できない

A. 言語と地域の設定で「暦法」が「和暦」になっていませんか？

「一般⇒言語と地域」と辿り、暦法が西暦（グレゴリオ暦）になっているか確認してください。
西暦（グレゴリオ暦）になっていなければ変更してください。

（Android）

Androidで何か不具合があった場合には、端末の再起動（電源 OFF ⇒ ON）を行ってください。
大抵の場合、これで修復されます。
修復されない場合には、お手数をお掛けいたしますがQ＆Aやメールで状況をご連絡いただけますよ
うお願いいたします。

■サイトの利用方法に関する疑問やシステム上のトラブルなどに関しては、サイト上のＦＡＱ（よく
　ある質問と回答）などをご参照願います。
■疑問やトラブルが解決できない場合は、サイト上のＱ＆Ａに書き込んでいただくか、サイト運営者
　へメール（info-ucat@asahipress.com）にてお問い合わせください。

※Ｑ＆Ａに書き込んだお問い合わせは、Ｑ＆Ａに書き込まれますのでご自身でご確認ください。

U-CAT e-Learning for the TOEIC® LISTENING AND READING TEST

TOEIC® L&R
頻出単語600語

A

☐ **abate** 　　　　【動】弱まる、和らぐ
Demand for this model **abated** after the recall.

☐ **abide by** 　　　　〜を遵守する
They were forced to **abide by** the judge's ruling.

☐ **abolish** 　　　　【動】〜を廃止する
No one knew who to contact after the department was **abolished**.

☐ **absolutely** 　　　　【副】完全に、全く
It is **absolutely** necessary that you fill out all of the forms.

☐ **accede** 　　　　【動】〜に同意する、〜に従う
The politician **acceded** defeat after the result of the election was announced on TV.

☐ **accelerate** 　　　　【動】〜を加速する
Don't **accelerate** too quickly or you may lose control of the vehicle.

☐ **access** 　　　　【名】利用、入手できること
The large door provides easy **access** for wheelchairs.

☐ **acclaim** 　　　　【動】〜を高評価する
The product was **acclaimed** as a success by the critics.

☐ **acclimate** 　　　　【動】〜を順応させる
Take some time to **acclimate** yourself to your new surroundings.

☐ **accomplish** 　　　　【動】〜を成し遂げる
We couldn't have **accomplished** this project without you.

☐ **according to** 　　　　〜によると
According to the forecast, there will be rain tomorrow.

☐ **accuracy** 　　　　【名】正確さ
In this case, **accuracy** is more important than speed.

☐ **accuse** 　　　　【動】〜を非難する
Before you **accuse** me, take a look at yourself.

☐ **acknowledge** 　　　　【動】〜に気づく
The guard did not even **acknowledge** our presence.

☐ **acquire** 　　　　【動】〜を獲得する
Once you have **acquired** the necessary documents, please send them to this address.

acquisition 【名】買収
The company has made many **acquisitions** over the last five years.

activate 【動】〜を作動させる
To **activate** your new card, please visit the following site.

acute 【形】激しい
The patient complained of an **acute** pain.

A

adapt 【動】適応する
You will need to **adapt** in order to survive.

adhere to 〜を頑なに守る
You must **adhere to** the rules when writing a formal proposal.

adjacent 【形】隣接した
There is a pharmacy **adjacent** to the hospital.

adjustment 【名】調整
The prototype will be ready after a few minor **adjustments**.

administrative 【形】管理の
I was asked to take on new **administrative** duties.

admire 【動】〜を称賛する
I **admire** your determination to do whatever is necessary to succeed.

adopt 【動】〜を採用する
Things improved greatly around the office after the new policy was **adopted**.

adverse 【形】不利益な
I am used to working in **adverse** conditions.

affiliation 【名】所属、提携
Individuals without a company **affiliation** should register a "independent."

affirm 【動】〜を断言する
The company **affirmed** its intention to invest in new markets.

agent 【名】代理人、代理店
Our sales **agent** will be happy to answer any questions you might have.

agreeable 【形】同意できる、好ましい
The negotiations ended in an **agreeable** settlement for all parties involved.

☐ **alleviate**　　　【動】〜を軽減する

The government offered support meant to **alleviate** the suffering of affected businesses.

☐ **alternative**　　　【名】二者択一、代替

I'm sorry, but there is no **alternative** available.

☐ **amateur**　　　【形】アマチュアの

That was an **amateur** mistake.

☐ **ambiguous**　　　【形】あいまいな

The official gave an **ambiguous** answer at the news conference.

☐ **amend**　　　【動】〜を修正する

They **amended** the minutes of the meeting.

☐ **analysis**　　　【名】分析

The study was inconclusive. Therefore, the subject requires further **analysis**.

☐ **anemic**　　　【形】弱々しい

That region has seen **anemic** growth.

☐ **anonymously**　　　【副】匿名で

The message was sent **anonymously**.

☐ **anticipate**　　　【動】〜を予想する

Nobody could **anticipate** the crisis which loomed ahead.

☐ **apology**　　　【名】謝罪

No **apology** will suffice for the damage caused in the accident.

☐ **apparatus**　　　【名】器具、組織

The security **apparatus** will prevent any disturbance at the shareholders' meeting.

☐ **apparently**　　　【副】どうやら、明らかに

Apparently, the rumors were well-founded.

☐ **appoint**　　　【動】〜を任命する

A new board member will be **appointed** as soon as possible.

☐ **appraise**　　　【動】〜を査定する

We will need a little more time to sufficiently **appraise** the situation.

☐ **appropriate**　　　【形】ふさわしい

Please take the **appropriate** measures to ensure your own safety.

A

☐ **approximately** 【副】約、およそ

The flight will last **approximately** 14 hours from takeoff to landing.

☐ **arbitrary** 【形】独断的な

Arbitrary actions on the part of the president have upset the board.

☐ **architect** 【名】建築家

The **architect** was frustrated by the regulations of the zoning board.

☐ **argue** 【動】〜を論ずる

Nothing is easy with her; she **argues** her opinion at every opportunity.

☐ **arrangement** 【名】手配

There have been **arrangements** made for your arrival.

☐ **ascend** 【動】上りにな（ってい）る

The stairs **ascended** to the top of the hill where the observatory was located.

☐ **aspire** 【動】〜を熱望する

The company always **aspires** to attract more customers.

☐ **associate** 【動】〜を関連させる

People often **associate** Kyoto with Kiyomizu-dera.

☐ **at any rate** とにかく

At any rate, the project will be completed soon.

☐ **attain** 【動】〜を達成する

When you have **attained** your goal, it is time to set a new one.

☐ **at the expense of** 〜を犠牲にして

Production was increased at the factory **at the expense of** quality.

☐ **at this rate** この調子では

At this rate, we will never finish the project on time.

☐ **atmosphere** 【名】雰囲気

There was a friendly **atmosphere** during the negotiations for the new contract.

☐ **audience** 【名】観客

The **audience** burst out in applause.

☐ **auditorium** 【名】講堂

The **auditorium** was sufficiently large for the concert to be held there.

A

☐ **authorize** 【動】〜に権限を与える

You have been **authorized** to continue your journey.

☐ **automate** 【動】〜を自動化する

Production will be fully **automated** by next year.

☐ **avalanche** 【名】なだれ、殺到

There was an **avalanche** of paperwork after the merger.

B

☐ **back order** 取り寄せ注文

The newest model is still on **back order**.

☐ **barrier** 【名】障壁、障害

That was the final **barrier** to completing the deal.

☐ **be accustomed to** 〜に慣れている

Our company **is accustomed to** handling sensitive information.

☐ **bearish** 【形】弱気の

Since the market crash, everyone has been a little **bearish**.

☐ **bid** 【名】入札、競売

They are desperate to sell and would probably consider any **bid** you gave them.

☐ **boast** 【動】〜を誇る

This city **boasts** one of the deepest ports in Asia.

☐ **boil down to** 結局〜になる

Whether the new product is successful or not will all **boil down to** sustainability.

☐ **botanical garden** 植物園

There is a beautiful **botanical garden** at the top of the gondola.

☐ **boundary** 【名】境界線

The mountains there define the **boundary** of our jurisdiction.

☐ **breakthrough** 【名】突破口

This new technology is the **breakthrough** that was needed.

☐ **broadcast** 【名】放送番組

The **broadcast** began at 9pm.

☐ **buffer** 【名】（衝撃などを）和らげるもの

The middle managers are just a **buffer** between the customers and the executives.

bullish
【形】強気の

The investors seem to be very **bullish** after seeing the quarterly reports.

bureaucracy
【名】官僚主義

There is too much **bureaucracy** in developed countries to get anything done quickly.

capability
【名】能力

That is beyond our **capability**.

capacity
【名】余力

We have more than enough **capacity** to handle your order.

capitalize on
〜を利用する

You must **capitalize on** any chance that you are given.

categorize
【動】〜を分類する

We have never seen anything like this before, so it is difficult to **categorize**.

caution
【名】注意

It is best to proceed with **caution** from here on out.

ceaseless
【形】絶え間ない

We have faced a **ceaseless** stream of orders since last month.

certain
【形】一定の

There are **certain** rules which must be followed.

chairperson
【名】議長

The **chairperson** called a recess.

chamber of commerce
商工会議所

The **chamber of commerce** is a good place to make connections in a new town.

chaotic
【形】混沌とした

The **chaotic** nature of the business made it difficult to accurately forecast profits.

characterize
【動】〜を描く、みなす

The media **characterized** the administration as incompetent.

charity
【名】慈善（団体）

There are many worthy **charities** that would be grateful for even a small donation.

child-proof
【形】子どもに安全な

The cap of the medicine bottle was **child-proof**.

clearance 【名】在庫一掃

The **clearance** sale lasted a whole week.

clockwise 【副】時計回りに（の）

You should go **clockwise** around the exhibit to view it properly.

coalition 【名】連携

Many groups banded together to form a **coalition** to support the refurbishing of the library.

collaborate 【動】協同で行う

We have been asked to **collaborate** with the marketing department on this project.

collectively 【副】集団的に

Collectively, the two companies dominate the market.

commence 【動】始まる

The ceremony is about to **commence**.

commercial 【形】商業的な

This technology has a number of **commercial** uses.

commission 【名】委託料

Many people in this office work on **commission**.

community 【名】コミュニティー、地域

The new arrivals were soon welcomed as part of the **community**.

comparison 【名】比較、類似

There is no **comparison** between the two products.

compliance 【名】遵守

The manager made a plan for **compliance** with the new regulations.

complimentary 【形】無料の

A **complimentary** drink was served on the flight.

comprehensive 【形】総合的な

The plans for the wedding were **comprehensive** and covered everything down to the napkins.

concept 【名】概念

The **concept** itself was quite simple.

concise 【形】簡潔な

Please keep your reports **concise** and to the point.

☐ **conclude** 　【動】〜を締めくくる

We would like to **conclude** tonight's meeting by 8pm.

☐ **concrete** 　【形】具体的な、はっきりした

The report provided many **concrete** examples.

☐ **condensed** 　【形】要約された

If you don't have the time to read the whole novel, you might try the **condensed** version.

☐ **conditional** 　【形】条件付の

The project has been given **conditional** approval by the main office.

☐ **conform** 　【動】従う

It is in the best interest of everyone for businesses to **conform** to industry standards.

☐ **connection** 　【名】関係（性）、関連（性）

There is no **connection** between the two companies.

☐ **coordinate** 　【動】調整する

We should **coordinate** with our counterparts in Asia on this project.

☐ **council** 　【名】協議会

There will be a town **council** meeting later this week.

☐ **counterclockwise** 【形】反時計回りに（の）

Turn the knob **counterclockwise** to open the latch.

☐ **countermeasure** 　【名】対応策

We have implemented the appropriate **countermeasures**.

☐ **counteroffer** 　【名】代替案

We will consider any reasonable **counteroffer**.

☐ **criteria** 　【名】判断基準

There are strict **criteria** for applicants.

☐ **crucial** 　【形】きわめて重要な

It is **crucial** that the directions be followed precisely.

☐ **cue** 　【名】合図、きっかけ

Wait for my **cue** to begin your speech.

☐ **culinary** 　【形】料理の

The city is famous for its **culinary** institute.

☐ **culminate in** 結果として～になる

All of our hard work will **culminate in** victory.

☐ **cure** 【名】治療法

Research will continue until a **cure** is discovered.

☐ **currency** 【名】貨幣、通貨

There are continuing fears that Greece will go back to its own **currency**, the drachma.

☐ **custody** 【名】保管、保護

The government took **custody** of the package at customs.

☐ **customary** 【形】習慣的な

It is **customary** to take off your shoes before entering a home in Hawaii.

☐ **customize** 【動】～を特別仕様にする

The car was **customized** for off-road use.

☐ **cut back on** ～を削減する、～を減らす

The company **cut back on** expenditures.

☐ **cutting-edge** 【形】最先端の

Cutting-edge technology is indispensable in creating an efficient, modern factory.

D

☐ **dated** 【形】時代遅れの

The information is **dated**, so we should have it updated.

☐ **deadlock** 【名】行き詰まり

The meeting ended in **deadlock**.

☐ **debate** 【名】討論

There was a prolonged **debate** concerning the new legislation.

☐ **decent** 【形】結構な

That is a **decent** bag; it must have been quite expensive.

☐ **demolish** 【動】～を取り壊す

The building had to be **demolished** before development could continue.

☐ **densely populated** 人口が密集した

Tokyo is one of the most **densely populated** places on earth.

☐ **depict** 【動】～を描く

The painting **depicts** a famous mountain in southern France.

	detach	【動】〜を切り離す
Please **detach** the form and fill it out.

	detail	【名】詳細
The meeting will explain the new product line in **detail**.

	detergent	【名】洗剤
By using the proper **detergent**, most stains can be easily removed.

	deteriorate	【動】悪化する
The situation quickly **deteriorated** into chaos.

	dilute	【動】〜を薄める
Bleach should normally be **diluted** with water.

	dimension	【名】寸法
The **dimensions** of carry-on luggage should not exceed specified limits.

	diminish	【動】減少する
The singer's popularity slowly **diminished** over the years.

	diplomatic	【形】外交上の
The two countries made many **diplomatic** gestures before actually sitting down to negotiations.

	discard	【動】〜を捨てる
Please **discard** any nonessential equipment.

	discretion	【名】慎重さ、自由裁量
Each field office has **discretion** over local matters.

	dispatch	【動】〜を急派する
An ambulance was **dispatched** to the scene of the accident.

	disrupt	【動】〜を妨害する
The conference was **disrupted** by protesters.

	distinctive	【形】特徴的な、独特の
The **distinctive** red and white makeup worn in kabuki theater was influential to David Bowie.

	distract	【動】気をそらす
We should not allow ourselves to be **distracted** from the real issue.

	disturb	【動】〜の邪魔をする
If you do not wish to be **disturbed**, please put this sign on your door.

☐ **diversity** 【名】多様性

Many companies have focused on increasing **diversity** when hiring.

☐ **down payment** 頭金、着手金

Before you can receive a loan, you must make a **down payment** of some sort.

☐ **drastic** 【形】大幅な

The plans for the new stadium require **drastic** changes because it has gone so far over budget.

☐ **due date** 締切日

The **due date** for this assignment is next Tuesday.

☐ **duration** 【名】継続時間

Please remain seated for the **duration** of the flight.

E

☐ **ease** 【動】〜を緩和する

The government wanted to **ease** tensions with China.

☐ **elect to** 〜することに決める

They **elected to** pull out of the partnership.

☐ **embrace** 【動】〜を取り入れる

The new system was **embraced** with enthusiasm by the staff.

☐ **emerge** 【動】（苦境から）抜け出す

We will **emerge** from this crisis stronger than before.

☐ **eminent** 【形】著名な、すぐれた

She is an **eminent** researcher in the field of nuclear physics.

☐ **emission** 【名】排出（量）

The Kyoto Protocol attempted to lower **emission** levels of greenhouse gases.

☐ **enable** 【動】〜することを可能にする

The new system **enables** us to keep track of sales data by the minute.

☐ **enact** 【動】〜を制定する

New reforms were **enacted** in the aftermath of the crisis.

☐ **encounter** 【動】（困難）にあう

We have never **encountered** any problems with this model before.

☐ **endanger** 【動】〜を危険にさらす

Too much complaining might **endanger** your position at the company.

☐ **endorse** 【動】～を支持する

The candidate was **endorsed** by several trade unions.

☐ **enlarge** 【動】～を拡大する

The new aircraft has had its cargo hold **enlarged**.

☐ **enroll** 【動】入会する

Everyone was required to **enroll** in the new pension scheme.

☐ **ensure** 【動】～を確保する、～を保証する

You must wear a helmet to **ensure** your safety while at the worksite.

☐ **entity** 【名】物、存在物

This device will detect any foreign **entities** located in the body.

☐ **entrepreneur** 【名】起業家

Investors and **entrepreneurs** were brought together at the conference on sustainable development.

☐ **ethical** 【形】倫理的な

Even though it will be expensive for the company, a recall is the only **ethical** way to proceed.

☐ **excerpt** 【名】抜粋、引用

This is an **excerpt** from an article in today's newspaper.

☐ **expertise** 【名】専門知識（技術）

Your **expertise** is invaluable to this firm.

☐ **extensively** 【副】幅広く

The crisis was reported on **extensively** by international news outlets.

☐ **fabric** 【名】生地

Modern synthetic **fabrics** have revolutionized mountain climbing.

☐ **fabulous** 【形】すごく良い

Some people are better than good; they are **fabulous**.

☐ **face** 【動】～に直面する

It's high time we **faced** the facts and scrapped the original plan.

☐ **facilitate** 【動】～を容易にする、～を促進する

The human resources department will **facilitate** your transfer to the Hong Kong office.

☐ **faint** 【形】かすかな

There are **faint** signs of progress.

☐ **fair** 【名】展示会、見本市

There will be companies from all over the world at next month's trade **fair**.

☐ **fascinating** 【形】魅力的な

The new technology is truly **fascinating**; everyone is interested in it.

☐ **fasten** 【動】～を締める

Please **fasten** your seatbelts and prepare for takeoff.

☐ **fatigue** 【名】疲労

The runners started showing signs of **fatigue** after the 5km mark.

☐ **feedback** 【名】（利用者からの）意見、感想

The questionnaires have provided us with valuable **feedback** from our customers.

☐ **fetch** 【動】～を取ってくる

She trained her dog to **fetch** her slippers for her.

☐ **fierce** 【形】激しい

With new fashions constantly coming out, there is **fierce** competition in the clothing industry.

☐ **fill out** ～に記入する

Please **fill out** this form and wait over there.

☐ **filter** 【動】～をろ過する

A good air conditioner will also **filter** the air which can help with allergies.

☐ **firm** 【名】会社

The senior partners at the **firm** are especially pleased with your performance.

☐ **foster** 【動】～を育む

The mentoring program is designed to **foster** relationships with new employees.

☐ **fragile** 【形】壊れやすい

This package is **fragile**, so please be careful handling it.

☐ **fuel** 【動】～を助長する

In a knowledge-based economy, innovation **fuels** growth.

G

☐ **gadget** 【名】（目新しい）装置

The electronics fair showcased new **gadgets** and technology.

☐ **gather** 【動】集まる

Her family would always **gather** twice a year.

G

☐ **gauge** 【動】～を測定する
It is difficult to **gauge** the progress we have made.

☐ **gender** 【名】性、ジェンダー
A common issue in many countries is **gender** equality.

☐ **generate** 【動】～を生み出す
The company was able to **generate** enough revenue to fund their expansion.

☐ **genre** 【名】ジャンル
There are many **genres** of music represented at the festival.

☐ **genuine** 【形】本物の
This is not a **genuine** Hermes scarf.

☐ **given** 【前】～を考慮に入れると
It will be difficult to expand **given** the current economic climate.

☐ **glimpse** 【名】一瞥
The new technology has given us a **glimpse** of what the future will look like.

☐ **glitch** 【名】（突然の）故障、誤作動
The programming department is still working on finding **glitches** and bugs in the new software.

☐ **goodwill** 【名】善意
We always trust in the **goodwill** of people.

☐ **govern** 【動】～を治める
The mayor was elected to **govern** the town for five years.

☐ **grasp** 【動】～をつかむ、～を捉える
After a short explanation, I was able to **grasp** the basic concept.

☐ **grateful** 【形】有り難く思う
I am **grateful** to you for all that you have done for me.

☐ **gravity** 【名】重大さ
The **gravity** of the situation was obvious by the uncomfortable silence in the room.

☐ **greasy** 【形】脂ぎった
Her hands were **greasy** after working on the engine.

☐ **green** 【形】環境に優しい
There are many **green** solutions to our energy needs which deserve more attention.

greenhouse effect 温室効果

Global warming is due in part to the **greenhouse effect** of certain gases.

gross profits 売上げ総利益

Due to strong sales **gross profits** are up this quarter.

H

halt 【名】中止、停止

The energy crisis has brought production to a **halt** at several factories.

handful 【名】少数

There are only a **handful** of qualified candidates.

handling charge 取り扱い手数料

The price includes a **handling charge** and shipping fee.

hand-me-down お下がりの

This jacket is **hand-me-down** from my father.

handout 【名】配布物

Each guest received a **handout** at the door.

harm 【名】害

We should discuss the **harm** to the environment caused by nuclear power plants.

harsh 【形】辛辣な

The movie faced **harsh** criticism for its portrayal of the main character.

hassle 【名】煩わしい事

Most people gave up because they couldn't be bothered with the **hassle** of waiting.

hazardous 【形】危険いっぱいの

The train was carrying **hazardous** materials.

head 【動】～を率いる

An experienced detective was chosen to **head** the investigation.

hectic 【形】てんてこ舞いの

She managed to find time in her **hectic** schedule to visit her mother.

heighten 【動】～を高くする

The latest profit reports have **heightened** expectations for the company.

heir 【名】相続人、後継者

The CEO left no apparent **heir** when she stepped down.

☐ **hereditary**　　　【形】遺伝性の

There are certain diseases which are **hereditary**, so doctors often ask about a patient's family history.

☐ **hesitate**　　　【動】〜をためらう

Please do not **hesitate** to ask for assistance.

☐ **hierarchy**　　　【名】序列社会

There was a very clear **hierarchy** in the company.

☐ **hinder**　　　【動】〜の邪魔をする

You are not required to help, but do not **hinder** those who are doing something.

☐ **hostile**　　　【形】敵意のある

Sudden movement might be misinterpreted as **hostile**, so it is best to remain still when you encounter a wild animal.

☐ **hours**　　　【名】業務（営業・診療）時間

Store **hours** are from 9am to 5pm every day except Sunday.

☐ **humane**　　　【形】人道的な

The company showed its **humane** side when it donated to disaster relief.

☐ **humidity**　　　【名】湿度

The **humidity** in the summer months was unbearable.

☐ **hygiene**　　　【名】衛生状態

In many developing countries, bad **hygiene** can be a cause of contagious diseases.

☐ **icon**　　　【名】あこがれの対象となる人

Steve Jobs was an **icon** of the computer industry.

☐ **ignore**　　　【動】〜を無視する

It is impossible to **ignore** the effect of the recession on sales.

☐ **imitate**　　　【動】〜を模倣する

The teacher became annoyed at the student who was **imitating** him.

☐ **immigrate to**　　　（他国へ）移住する

There are many people who would like to **immigrate to** a foreign country.

☐ **imply**　　　【動】〜を示唆する

No one is sure what the new regulations will **imply** for our industry.

☐ **import**　　　【動】〜を輸入する

Japan must **import** most of its food from foreign countries.

☐ **impose** 　　　　【動】〜を課す

The airline **imposed** restrictions on carry-on luggage.

☐ **impress** 　　　　【動】〜に感銘を与える

Her presentation on the new product **impressed** the audience in the hall.

☐ **inaugurate** 　　　　【動】〜を正式に開始する

A new trade policy was **inaugurated** last year.

☐ **incentive** 　　　　【名】刺激、報奨金

There are several tax **incentives** for corporate giving.

☐ **incident** 　　　　【名】出来事、事件

The **incident** was reported to the police.

☐ **inclement weather** 　荒れ模様の天候

The flight was delayed due to **inclement weather**.

☐ **incline** 　　　　【動】気が向く

If you are so **inclined**, you may use our guest room.

☐ **income** 　　　　【名】所得

There is a widening **income** gap in many developed countries.

☐ **incorporate** 　　　　【動】〜を取り込む

Many of her ideas were **incorporated** into the final proposal.

☐ **incremental** 　　　　【形】増加（追加）の

There was an **incremental** increase in pay for union members.

☐ **incumbent** 　　　　【形】現職の

The **incumbent** administration has failed to affect actual change.

☐ **incur** 　　　　【動】〜を被る

The company has **incurred** massive debts in recent years.

☐ **indecisive** 　　　　【形】優柔不断の

The coach should never be **indecisive** when trying to win a championship.

☐ **in-depth** 　　　　【形】綿密な

The program included an **in-depth** interview with a famous actor.

☐ **indispensable** 　　　　【形】なくてはならない

A wrench is an **indispensable** tool for a plumber.

inevitable 　　【形】必然の

The recession was **inevitable** after the collapse of the housing bubble.

infection 　　【名】感染

Antibiotics help to fight off **infection** after surgery.

infer 　　【動】推測する

The detective **inferred** from the evidence that the door had been forced open.

inflate 　　【動】～をつり上げる

When prices are **inflated**, it is best to hold off on any nonessential purchases.

informative 　　【形】情報が有益な

Today's paper included a very **informative** article on green energy.

infringe 　　【動】～に違反する

Complex intellectual property regulations cause many people to **infringe** copyrights.

initiate 　　【動】～を開始する

Good salespersons are proactive; they will **initiate** contact with a prospective customer themselves.

injection 　　【名】注入

The Prime Minister believed an **injection** of cash into the market would stimulate the economy.

inquiry 　　【名】問い合わせ

Any **inquiries** regarding lodging should be directed to your travel agent.

inscription 　　【名】記されたもの

The monument was so old that the **inscription** on it was barely legible.

insight 　　【名】洞察

The findings from the latest research give us further **insight** into the workings of the human brain.

insomnia 　　【名】不眠

You may be suffering from **insomnia** if you find yourself unable to sleep.

inspect 　　【動】～を点検する

It's important to **inspect** your bindings before and after you ski.

inspire 　　【動】（人を）奮い立たせる

The manager **inspired** confidence in the group.

installment 　　【名】分割払い

I decided to pay in **installments** because the couch was so expensive.

☐ **instrumental** 　　【形】重要な役割を果たす

Container shipping plays an **instrumental** role in the global economy.

☐ **insurer** 　　【名】保険会社

There are a number of **insurers** who specialize in maritime insurance.

☐ **integrated** 　　【形】統合された

There are fewer boys' or girls' schools these days as most of them have been **integrated** into coed schools.

☐ **intensify** 　　【動】激化する

The competition between the companies **intensified** to the point where they were both losing money.

☐ **interfere** 　　【動】妨げる

Café owners may set up tables outside as long as they do not **interfere** with pedestrians.

☐ **intermission** 　　【名】休憩時間、中断

There was a short **intermission** between each act of the play.

☐ **intern** 　　【名】実習生

Becoming an **intern** for a period of time is a good way to get experience in a field.

☐ **internal** 　　【形】内部の

There will be an **internal** review of hiring practices.

☐ **intersection** 　　【名】交差点

Please wait for me at the **intersection** of Nagahori and Midosuji.

☐ **intervene** 　　【動】介入する

They had planned to get married until their parents **intervened**.

☐ **intimate** 　　【形】親密な

Don't ask personal questions unless you have an **intimate** relationship with the person.

☐ **intrude** 　　【動】（〜の）邪魔をする

Excuse me, I don't mean to **intrude**, but may I sit here?

☐ **inventory** 　　【名】棚卸し、在庫

We have plenty of **inventory** to last until the next delivery.

☐ **isolate** 　　【動】〜を孤立させる

You may feel **isolated** when you first relocate to a new office.

☐ **item-by-item** 　　項目ごとに

Please make sure that you go over the list **item-by-item** just in case.

J

☐ **janitor**　　　【名】清掃員

After hours, **janitors** work hard to maintain the building.

☐ **jar**　　　【名】瓶

There is a **jar** of mustard on the table.

☐ **jeopardize**　　　【動】～を危うくする

The scandal will **jeopardize** the reputation of this firm.

☐ **jet lag**　　　時差ぼけ

There are many things you can do to reduce **jet lag** including drinking lots of liquids.

☐ **job interview**　　　就職面接

It is always a good idea to dress appropriately for **job interviews**.

☐ **jot down**　　　～を手早くメモする

In order to help you remember, it is best to **jot down** notes while you are at a meeting.

☐ **jumble**　　　【動】～をごた混ぜにする

Because the directions were **jumbled**, we were unable to find the hotel.

☐ **justify**　　　【動】～を正当化する

The board will ask you to **justify** your actions.

K

☐ **keynote address**　　　基調講演

There is a famous politician giving the **keynote address** at this year's conference.

L

☐ **lack**　　　【名】不足

Their **lack** of experience is made up for by their enthusiasm.

☐ **last resort**　　　最終手段

It might be possible as a **last resort** to cancel the event all together.

☐ **latest**　　　【形】最新の

The **latest** reports indicate the storm is intensifying.

☐ **launch**　　　【動】～を開始する

The new product will be **launched** as scheduled in April.

☐ **lavish**　　　【形】ぜいたくな、惜しまない

There was a **lavish** buffet at the hotel.

☐ **lawn**　　　【名】芝生

In front of the building, there was a wide **lawn** where people could sit and relax.

☐ **lawsuit**　　　　　【名】訴訟

The fear of **lawsuits** caused the town to close their pool.

☐ **leak**　　　　　【名】漏れ

The sound of the **leak** in the faucet kept me awake all night.

☐ **lease**　　　　　【動】〜を賃貸しする

She **leased** the property to a foreign investor.

☐ **leftover**　　　　　【名】残り物

The **leftovers** from dinner were taken home and eaten the next night.

☐ **legislation**　　　　　【名】法律

New **legislation** is not the answer.

☐ **legitimate**　　　　　【形】正当な

There were many **legitimate** concerns raised at the meeting.

☐ **leisure**　　　　　【名】余暇

When you are traveling for **leisure**, it is a good idea to make hotel reservations.

☐ **lengthy**　　　　　【形】非常に長い

There will be a **lengthy** court battle, so it is better to settle out of court.

☐ **lenient**　　　　　【形】（態度などが）甘い

The crisis was brought on by **lenient** oversight.

☐ **lessen**　　　　　【動】〜を少なくする

Following these simple precautions will **lessen** the risk of an accident.

☐ **liability**　　　　　【名】責任

There are certain **liabilities** associated with owning a business.

☐ **liaison**　　　　　【名】連絡（係）

The wait staff works in **liaison** with the kitchen.

☐ **likelihood**　　　　　【名】ありそうなこと

Investors see no **likelihood** of the situation in Europe improving anytime soon.

☐ **limbo**　　　　　【名】どっちつかずの状態

The project is still in **limbo**, so we cannot give you a concrete timetable for its completion yet.

☐ **limitation**　　　　　【名】限界

The **limitations** of having such a large car in the small streets of the old city were obvious.

lingua franca　　　共通語

Knowing the **lingua franca** makes travelling much easier.

literally　　　【副】文字通りには

She didn't mean what she said **literally**; she was speaking metaphorically.

litter　　　【動】（ごみ等を）散らかす

Visitors to Mr. Fuji are asked to be careful not to **litter**.

livestock　　　【名】家畜類

If you have been around any **livestock** while abroad, you must note it on the entry form.

load　　　【動】（車等に荷物を）積む

It will only take a few minutes to **load** the groceries into the car.

lobby　　　【動】ロビー活動をする

There have been a number of groups trying to **lobby** the new mayor.

logistics　　　【名】物流

We have the **logistics** to distribute the product worldwide.

loophole　　　【名】抜け穴

The new tax code was full of **loopholes** waiting to be taken advantage of by creative accountants.

lucrative　　　【形】もうかる

Tobacco is a **lucrative** plant, and thus known as a cash crop.

luxurious　　　【形】ぜいたくな

The hotel lobby was both **luxurious** and spacious.

M

magnify　　　【動】〜を拡大する

A microscope **magnifies** very small things, so that we can see them.

malfunction　　　【名】（機械の）不調

This machine always has some kind of **malfunction**.

mandatory　　　【形】必須の

There are a number of **mandatory** tests which you must pass to become qualified.

manuscript　　　【名】原稿

The original **manuscript** is very valuable.

mayor　　　【名】市長

The **mayor** of the town was very popular.

☐ **meander** 　【動】曲がりくねる

The river **meandered** gently across the plain.

☐ **measurement** 　【名】寸法

The **measurements** of the container must not exceed 1 cubic meter.

☐ **media** 　【名】マスコミ

The **media** was in a frenzy over the latest scandal.

☐ **memoir** 　【名】伝記

She decided to write her **memoir** a few years after retiring.

☐ **meticulously** 　【副】綿密に

The interviewer took notes **meticulously** while talking to me.

☐ **microscope** 　【名】顕微鏡

An electron **microscope** is much more powerful than a traditional one.

☐ **misread** 　【動】〜を読み違える

Words with two pronunciations like "read" can easily be **misread**.

☐ **mix-up** 　【名】混同

We are very sorry about the **mix-up**.

☐ **monopoly** 　【名】独占権

The company had enjoyed a **monopoly** in the telecom market for many years.

☐ **move** 　【動】引越しする

My family **moved** around a lot when I was young.

☐ **municipal** 　【形】市営の

There are a number of **municipal** parks even in the crowded downtown.

N

☐ **narrative** 　【名】物語

It is a heart-warming **narrative** about young love.

☐ **nationwide** 　【形】全国的な

The latest news story has gone **nationwide**; everyone is talking about it.

☐ **nature** 　【名】性質

Problems of this **nature** usually work themselves out in time.

☐ **needy** 　【名】貧困者

Social welfare programs are designed to help the **needy** in society.

negation　　【名】否定

Humility is not merely the **negation** of pride.

negative　　【形】否定的な

He has such a **negative** outlook on life that it is depressing to be around him at all.

neighborhood　　【名】近隣の人々

The entire **neighborhood** was very welcoming to us when we moved there.

newsletter　　【名】会報、社報

The **newsletter** contains information which you might find useful.

newsstand　　【名】（駅等にある）売店

At the station there is a **newsstand** where you can buy something to read for a long journey.

nominee　　【名】推薦・指名された人

The **nominees** for the position are all very impressive.

note　　【動】〜に気づく

We **noted** an increase in foot traffic during the convention.

notify　　【動】〜に通知する

The authorities were **notified** of our plans last year.

numerical　　【形】数字で表した

The lists are in **numerical** order.

numerous　　【形】多数の

There are **numerous** positions opening up for our new office.

obituary　　【名】死亡記事

There was a section at the back of the paper reserved for **obituaries**.

obsolete　　【形】時代遅れの、すたれた

The equipment is **obsolete** and will have to be replaced.

office supply　　事務用品

Office supplies are kept on the 3rd floor.

official　　【名】公務員、役人

The bureaucracy is full of **officials**.

offset　　【動】〜を相殺する

This money will **offset** any losses we may incur in the first month.

☐ **off-site**　　　現場から離れて（た）

Most of the design work will take place **off-site** back at the office.

☐ **omission**　　　【名】省略

An **omission** of relevant facts is the same as lying.

☐ **on account of**　　　～の理由で

We will forgive you **on account of** your past behavior.

☐ **on behalf of**　　　～を代表して

I am happy to present you with this award **on behalf of** all of us at the office.

☐ **on display**　　　展示されて、陳列されて

The newest model is **on display** in the showroom.

☐ **ongoing**　　　【形】進行中の、継続している

It is an **ongoing** situation and we will update you as often as possible.

☐ **online**　　　【形】オンラインの

With every book purchased, there is also an **online** version available for download.

☐ **open an account**　　　口座等を開設する

When you relocate to a new country, you should **open an account** at your local bank as soon as possible.

☐ **open forum**　　　公開討論会

Open forums are the best formats for sharing and testing new ideas.

☐ **open-air**　　　【形】野外の

The **open-air** wedding was a hit with the guests.

☐ **opposite**　　　【形】反対の

After a short discussion, they realized that they had **opposite** opinions on the subject.

☐ **optimal**　　　【形】最適の、最高の

The **optimal** solution to a problem leaves everyone happy.

☐ **option**　　　【名】選択（肢）

You have an **option** of coffee or tea after your meal.

☐ **ordinance**　　　【名】条例、法令

The town had passed many strange **ordinances** in order to collect fines from tourists.

☐ **out of service**　　　サービスを中止して

The vending machine was **out of service**, so I could not get anything to drink.

outfit 【名】衣装一式

That's a wonderful **outfit** that is good for any occasion.

outgrow 【動】〜に合わなくなるほど大きくなる

Their mother always bought them new clothes because they were always **outgrowing** their old ones.

outlying 【形】中心から離れた

He lived in an **outlying** part of town far away from any neighbors.

overcome 【動】〜に打ち勝つ、〜を克服する

We will **overcome** this challenge together.

overdue 【形】（支払）期限の切れた

The water bill is long **overdue**.

overhaul 【動】〜を徹底的に見直す

The entire fleet of trucks were **overhauled** last year.

overhead 【名】諸経費、間接費

The **overhead** involved in running this business is higher than one might think.

overlook 【動】〜を大目に見る

I will **overlook** your tardiness today.

overreact 【動】（〜に）過剰に反応する

I know you are angry, but please try not to **overreact**.

oversee 【動】〜を監督する

The board will **oversee** the company until a new CEO is found.

overview 【名】概要、要約

This presentation will give a brief **overview** of the new products in our line.

overwhelming 【形】圧倒するような、圧倒的な

The positive response from our customers was **overwhelming**.

P

package 【名】小包

This **package** arrived for you this morning.

packet 【名】（小さな）包み

The information in this **packet** explains how the restructuring will affect the company.

paperwork 【名】事務書類、事務処理

There is a lot of **paperwork** to do in order to receive a visa.

parallel
【形】平行な
When you finish parking, the car should be **parallel** with the curb.

participate in
～に参加する
Everyone is invited to **participate in** the icebreaker activities tonight.

partition
【名】仕切り
There is a **partition** between desks in the office.

partnership
【名】提携、協力
The company enjoyed a good **partnership** with its suppliers and distributors.

patent
【名】特許権
The **patent** is still pending on that technology.

patience
【名】忍耐
It is important to have **patience** when dealing with difficult customers.

patron
【名】顧客、利用者
The **patrons** at the restaurant were thrilled with the new menu.

paycheck
【名】給料支払小切手、給料
His **paycheck** was not as high as his coworkers'.

payday
【名】給料日
The day after **payday** is always the busiest day at the restaurant.

payroll
【名】給与、給与支払い名簿
The company never had any trouble making **payroll**.

pedestrian
【名】歩行者
The number of **pedestrians** has increased since the monorail was introduced.

per your request
あなたのご依頼により
I have made the reservations at the hotel **per your request**.

perception
【名】知覚、認識
Our **perception** of the issue seems to be different from yours.

performance
【名】仕事ぶり、実績
Your **performance** has been exemplary.

periodical
【名】定期刊行物
The **periodicals** can be found on the second floor of the library.

peripheral 【形】周辺の

She had very good **peripheral** vision and noticed the car coming from the left.

perishables 【名】（複数形で）腐敗しやすい食品

You should use any **perishables** you might have before a long trip.

permanent 【形】恒久的な

Everything changes; nothing is **permanent**.

perspire 【動】汗をかく

It was so hot that he **perspired** just sitting in his chair.

pharmacy 【名】薬局

The medicine in the **pharmacy** requires a prescription to purchase.

phase out ～を段階的に廃止する

The old regulations will be **phased out** over a two-year period.

philanthropy 【名】慈善

Many NPOs rely on **philanthropy** to meet their budgetary needs.

photo shoot 写真撮影

The models have arrived and are waiting for the **photo shoot** to begin.

physician 【名】内科医、医者

With this insurance plan, you will be able to choose from a list of approved **physicians**.

place an order 注文をする、発注する

The new website allows customers to **place an order** anytime, anywhere.

plant 【名】施設、工場

The **plant** is one of the largest employers in the community.

plausible 【形】もっともらしい

It is **plausible** that it was human error and not a malfunction.

plead 【動】嘆願する

He **pleaded** with the judge to reconsider his case.

plentiful 【形】豊富な

Good wine is **plentiful** and inexpensive in Italy.

plot 【名】筋書き

The newest season has the best **plot** yet in the series.

plumber 【名】配管工

Nobody appreciates a good **plumber** until they need one to fix a leak.

point out ～を指摘する

Let me **point out** that the product we are demonstrating today will not be ready until next year.

polished 【形】洗練された

She gave a **polished** performance, which showed just how much she had prepared for the presentation.

pollution 【名】汚染、公害

Industrial **pollution** is a major concern for environmental activists.

portray 【動】～を表現する、～を描く

The article **portrayed** her as a groundbreaking scientist.

postpone 【動】～を延期する

The game was **postponed** due to rain.

pottery 【名】陶磁器

Japan is famous for its art and its **pottery** in particular.

power generator 発電機

There are **power generators** which use the water flowing over Niagara Falls to create electricity for New York.

preceding 【形】前の

The years **preceding** the crisis were classic boom years.

precision 【名】正確さ、精密さ

The archer's **precision** was amazing.

predecessor 【名】前任者

The CEO's **predecessor** had left the company in great shape for the future.

preferred customers 得意客

Every business should do a little extra for its **preferred customers**.

premise 【名】敷地、建物

The **premises** were cleared because of the fire alarm.

presence 【名】存在

The military **presence** on the island was a problem.

preserve 【動】～を保存する

Mason jars are used to **preserve** fruits and vegetables as jams or pickles.

press conference 記者会見

The **press conference** will be held at 1pm.

press release 報道発表

There haven't been any **press releases** on the story in days.

prevent 【動】〜を防ぐ

Nothing can **prevent** the flood from damaging crops.

prior to 〜より前に、に先立って

Prior to the crisis, there were many worrying signs in the market.

priority 【名】優先（権）

It is difficult for many companies to make principles a **priority** over profits.

product review 製品レビュー

This magazine has **product reviews** of new home electronics.

profile 【名】人物紹介

The program includes a **profile** of the soloist.

promising 【形】見込みのある

The team drafted many **promising** rookies this year.

promptly 【副】即座に

I will be with you **promptly**.

proofread 【動】〜を校正する

It is better to have another person **proofread** anything you write.

proprietor 【名】所有者

The person who maintains a small business is often called a **proprietor**.

prototype 【名】試作品

When the **prototype** is complete, we can plan to start mass production.

publicize 【動】〜を公表する

The ad campaign is meant to **publicize** our company's recent success.

purchase 【動】〜を購入する

If you **purchase** something, parking is free.

pursue 【動】〜を追求する

Don't be afraid to **pursue** your dreams.

quality control 品質管理

Without **quality control**, it is difficult to have faith in a product.

R

raffle 【名】くじ

The **raffle** for the new car will be held at half time.

rake in （熊手で）かき集める

We have been **raking in** the profits this year.

raw material 原材料

The **raw materials** used in modern electronics are very expensive.

realtor 【名】不動産業者

If you are looking for a house, you need to find a good **realtor**.

reassuring 【形】（人を）安心させるような

The latest market figures were **reassuring** for investors.

recipient 【名】受取人

All of the members of the family were **recipients** in the will.

redeemable 【形】商品に換えられる、換金できる

The coupon is **redeemable** at any of our 15 locations.

redo 【動】～をやり直す

If you make a mistake, you will have to **redo** it.

refinery 【名】精製所、製油所

The **refinery** produces all of the gas for this region.

refreshment 【名】軽い飲食物

If you are thirsty, **refreshments** are available at the counter over there.

refurbish 【動】～を改装する

The office will be **refurbished** this summer.

reimbursement 【名】払い戻し、返済

The insurance money was a **reimbursement** for their loss.

relevance 【名】関連性

I do not see the **relevance** of your comment on the issue at hand.

relocate 【動】移転する

You may be asked to **relocate** to any of our branch offices including those overseas.

renowned 【形】有名な

She was **renowned** as both a researcher and a teacher.

replacement 【名】取り換え

The **replacement** parts should arrive next Wednesday.

replenish 【動】～を補充する、～を再び満たす

A renewable energy source is one that **replenishes** itself.

retrieve 【動】～を取り戻す

I was asked to go back to the office and **retrieve** the files that my boss had left behind.

rigorous 【形】厳格な

Her **rigorous** fitness program kept her in great shape.

roam 【動】あちこち歩き回る

The stray cat **roamed** all around the city.

S

scrub 【動】ごしごしこする

He **scrubbed** the pots and pans all night.

scrutiny 【名】監視

The project has come under greater **scrutiny** since the article was published last month.

seamless 【形】絶え間のない、流れるような

There was a **seamless** transition for the new president.

secretarial 【形】秘書の

There are several **secretarial** duties that cannot be automated.

sequel 【名】続き、結果

The movie was so popular that we can expect a **sequel** next year.

setback 【名】つまずき、後退

There will always be minor **setbacks**, so it is important to persevere.

shareholder 【名】株主

The **shareholders** expect a dividend.

shatter 【動】～を破る

The sprinter **shattered** the World Record for the 100-meter dash.

sheer 【副】全くの

Success is **sheer** hard work.

shield 　　　　　【名】盾

This layer will act as a **shield** against the radiation.

shortage 　　　　【名】不足

There is a **shortage** of skilled workers.

shortcoming 　　　【名】欠点、短所

Despite its many **shortcomings**, this is the best we have at the moment.

showcase 　　　　【動】〜を披露する

You will have a chance to **showcase** your social skills at the company mixer.

shred 　　　　　　【動】〜を細かく切る

Any documents containing sensitive information should be **shredded** and disposed of properly.

shrewd 　　　　　【形】抜け目のない

That is a very **shrewd** observation.

sip 　　　　　　　【動】〜を少しずつ飲む

Just **sip** it; don't drink it too quickly.

skeptical 　　　　【形】懐疑的な

There were many people who were **skeptical** about the new product line.

skyrocket 　　　　【動】急騰する

Gas prices **skyrocketed** with the news of another crisis in the Middle East.

slate 　　　　　　【動】〜を予定する

Your meeting is **slated** for later this week.

slick 　　　　　　【形】口のうまい、巧みな

That was a very **slick** presentation.

sloppy 　　　　　【形】だらしない

If you are a **sloppy** dresser, you probably will not make a good first impression in a job interview.

slowdown 　　　　【名】景気後退

The current economic **slowdown** has hit companies across the board.

sluggish 　　　　　【形】のろい、不振の

Sales continue to be **sluggish** in our European division because of the recession.

slump 　　　　　　【動】暴落する、落ち込む

The stock market **slumped** with the news of strong yen.

snatch 【動】〜を素早くつかむ

Be ready to **snatch** any opportunity that comes your way.

sneeze 【動】くしゃみをする

When someone **sneezes**, it is customary to say, "Bless you."

soak 【動】浸す

It needs to **soak** for an hour before it is ready for the next step in the process.

soar 【動】急騰する

Profits **soared** this year thanks to our innovative designs.

sob 【動】すすり泣く

I could hear him **sobbing** from the next room.

solicit 【動】〜を請い求める

The expert was **solicited** for his opinion on the matter.

soothe 【動】〜を和らげる

This should **soothe** the pain.

sore 【形】痛い

I am still **sore** from skiing yesterday.

sorrow 【名】悲しみ

The **sorrow** they felt after the tragedy must have been immense.

speculate 【動】〜を推測する

It is difficult to **speculate** what the market will look like this time next year.

splinter 【動】分裂する

The group **splintered** into many smaller entities after the founder passed away.

sprinkle 【動】〜をまき散らす

It is common to **sprinkle** colored candy on a sundae.

stack 【動】〜を積み重ねる

These boxes should be **stacked** neatly in the corner of the warehouse.

stagger 【動】よろめく

He had too much to drink and **staggered** out of the party.

stagnant 【形】停滞した

Things have been **stagnant** around here for too long; it is high time that we made some progress.

standstill 【名】停止

Production came to a **standstill** at the factory due to the strike.

status quo 現状

There are very few people happy with the **status quo**; everyone agrees that things should change.

stipulate 【動】〜を規定する

The agreement **stipulates** who is responsible for each part of the project.

stopover 【名】乗り継ぎ

A direct flight has no **stopovers**.

streak 【名】勝ち負けの連続

What a **streak**! I cannot believe that we have been so successful for so long.

streamline 【動】簡素化する

The process needs to be **streamlined** in order to become more efficient.

strenuous 【形】骨の折れる

This work is very **strenuous**, so it is important to get plenty of rest when you are off.

stroll 【名】散歩

Let's go for a **stroll** around Higashiyama.

stumble 【動】つまずく

If you **stumble** or even fall, just pick yourself up and keep going.

sturdy 【形】たくましい

The design is much more **sturdy** than its predecessor.

subcontract 【動】〜を下請に出す

Much of the work was **subcontracted** to other companies.

subsidiary 【名】子会社

The conglomerate was huge and consisted of numerous **subsidiaries**.

subsidy 【名】補助金

The government provides a **subsidy** to farmers to encourage production of certain crops.

substantial 【形】かなりの

There have been **substantial** improvements since our last demonstration.

supervise 【動】〜を監督する

She **supervised** the project herself.

☐ **surcharge** 【名】追加料金

There are often hidden **surcharges**, so it is important to read the contract carefully.

☐ **surge** 【名】高まり

There has been a **surge** in demand for the new toy this winter.

☐ **surpass** 【動】〜にまさる、〜をしのぐ

At this rate we will have **surpassed** all of our competitors by the end of the next quarter.

☐ **surplus** 【形】余りの

Any **surplus** food should be donated to the needy.

☐ **susceptible** 【形】影響を受けやすい

People who are careless are **susceptible** to making simple mistakes.

☐ **suspend** 【動】〜を中止する

The current product line will be **suspended** at the end of the year.

☐ **synthetic** 【形】合成の

There are a number of **synthetic** fabrics to choose from now when designing clothes.

☐ **tab** 【名】勘定書

I will get the **tab**.

☐ **tackle** 【動】取り組む

There are a number of problems which must be **tackled** before the project can be completed.

☐ **tactical** 【形】戦術的な

They decided to make a **tactical** retreat before they lost control of the situation.

☐ **take over** 〜を引き継ぐ

The daughter **took over** management of the company.

☐ **tangible** 【形】実体のある

There really is no **tangible** difference between the two.

☐ **tangle** 【動】〜をもつれさせる

The wires were **tangled**, so it was difficult to see what was connected to what.

☐ **tariff** 【名】関税

The new trade agreement aimed to lower **tariffs** between the two countries.

☐ **taxable** 【形】課税できる

Items that you buy while on vacation are **taxable** upon your return to your home country.

□ **tedious** 【形】単調で退屈な

The work on the bottling line was very **tedious**, but not physically taxing.

□ **tentative** 【形】一時的な

There are **tentative** plans in place for the next outing.

□ **tenure** 【名】在職期間

The company thrived under her **tenure** as president.

□ **terminate** 【動】～を終わらせる

We have decided to **terminate** the contract.

□ **textile** 【形】織物の

There are numerous **textile** factories in countries like Bangladesh where cotton is plentiful and labor is cheap.

□ **thesis** 【名】論文

His **thesis** was rejected by the establishment.

□ **thorny** 【形】争点の多い

Race and ethnicity can be **thorny** issues which many people would rather not discuss.

□ **thoroughly** 【副】完全に

The apartment was cleaned **thoroughly** before the next tenant arrived.

□ **threshold** 【名】境界、出発点

We are on the **threshold** of a great new era in science.

□ **thrift** 【名】節約

For people who were raised in difficult economic times, **thrift** is often seen as a virtue.

□ **timetable** 【名】予定表

The **timetable** for the meetings was posted just inside the conference room.

□ **timid** 【形】臆病な

Even though he was **timid** at first, after a few hours he became very talkative.

□ **token** 【名】印

This is a **token** of my appreciation.

□ **tolerate** 【動】～を許容する

There is a certain amount of noise that must be **tolerated** on older aircraft.

□ **toxic** 【形】有害な

There is a fair amount of **toxic** waste produced in the production of leather goods.

trainee 　　【名】研修生

A senior member of the staff oversaw the **trainees**.

trait 　　【名】特性

I was asked in the interview to describe my strongest **trait**.

transaction 　　【名】処理、取引

The bank processes thousands of **transactions** every day.

transcript 　　【名】原稿

There is a **transcript** of the interview available online.

transform 　　【動】～を変える

We are going to **transform** the lobby of the museum into a party space for the gala.

transmit 　　【動】～を渡す

The message was **transmitted** yesterday via courier.

transplant 　　【動】～を移植する

The kidney was **transplanted** successfully into the patient.

trash 　　【名】ごみ

One man's **trash** is another man's treasure.

traumatic 　　【形】心を苦しめる

The earthquake and its aftermath were a **traumatic** experience for many young children in the town.

tremendous 　　【形】ものすごい

You should be proud of yourself; you have done a **tremendous** job.

tribute 　　【名】証

It is a **tribute** to her skill that she was able to complete the deal.

trustworthy 　　【形】信頼できる

She is my most **trustworthy** employee; you can tell her anything.

tuition 　　【名】授業料

Germany has decided to drastically lower **tuition** in an attempt to attract talented immigrants.

tumble 　　【動】暴落する

Stock prices **tumbled** on the news of Puerto Rico's default.

turbulence 　　【名】乱気流

We were asked to fasten our seatbelts because of **turbulence**.

| ☐ **turmoil** | 【名】混乱 |

There has been **turmoil** in the country ever since the last election.

| ☐ **turnaround** | 【名】再建 |

The new president has promised a **turnaround** for the company.

| ☐ **turnout** | 【名】参加者数 |

The summer concert this year had a lower **turnout** than usual due to the excessive heat.

| ☐ **turnover** | 【名】回転率 |

Inexpensive restaurants depend on high **turnover** to make a profit.

U

| ☐ **ultimatum** | 【名】最終提案 |

She was tired of waiting for him to propose, so she gave him an **ultimatum**; get married or break up.

| ☐ **underscore** | 【動】～を強調する |

The engineer **underscored** the progress her department had made on the new battery.

| ☐ **undertake** | 【動】～を引き受ける |

The team agreed to **undertake** the mission despite the low chance of success.

| ☐ **undo** | 【動】～を元に戻す |

It will be impossible to **undo** damage caused to the environment by an oil spill in the Arctic.

| ☐ **unilateral** | 【形】一方的な |

The administration took **unilateral** actions which upset many of its allies.

| ☐ **unload** | 【動】～の荷を降ろす |

The truck was **unloaded** in half the time by the new warehouse team.

| ☐ **unprecedented** | 【形】前例のない |

We have seen **unprecedented** numbers of investors participating in the market.

| ☐ **unrest** | 【名】不安 |

There was a disturbing amount of **unrest** in the city after the election.

| ☐ **upcoming** | 【形】近く公開の |

The trade show will showcase the **upcoming** models for next season.

| ☐ **update** | 【動】更新する |

You should **update** your personal information with human resources every year.

| ☐ **urgent** | 【形】緊急の |

It is **urgent**, so it must be completed as soon as possible.

utter 【形】全くの

The crowd was left in **utter** silence after the amazing feat of magic.

V

vacate 【動】空ける

We were asked to **vacate** our seats to make room for a wheelchair.

validate 【動】〜を批准する

The government **validated** the treaty at the conference.

vapor 【名】蒸気

The **vapors** can be toxic, so you should wear a mask.

velocity 【名】速度

The car was designed to be more efficient at higher **velocities**.

vendor 【名】売り主

There will be numerous **vendors** at the trade show showing their merchandise.

venue 【名】開催地

The convention hall is a prime **venue** for large gatherings.

versatile 【形】用途の広い

A good screwdriver is a very **versatile** tool.

veto 【動】〜を否認する

The board might **veto** the current budget proposal and we will have to go back to square one.

viable 【形】実行可能な

There are a number of **viable** solutions to our current problem.

W

wane 【動】衰える

Some believe that America's influence is **waning** in Asia.

wary 【形】用心深い

We should be **wary** of pickpockets while on the subway.

whirl 【動】〜をぐるぐる回す

Koji Murofushi **whirled** the hammer before throwing it down the range.

windshield 【名】フロントガラス

Keeping your **windshield** clean is an important safety measure for any driver.

workshop 【名】研修会、講習会

New employees are supposed to participate in the **workshop** before they are assigned their jobs.

改訂版 u-CAT: eラーニングによる新テスト対応
TOEIC® L&R TEST

検印省略	©2021 年 1 月 31 日　第 1 版発行
	©2024 年 1 月 31 日　第 3 刷発行

編　者　　　　朝日出版社 u-CAT 事業部

発行者　　　　　　　　　　小川　洋一郎
発行所　　　　　　　　株式会社 朝日出版社
〒101-0065 東京都千代田区西神田 3-3-5
電話　東京　(03) 3239-0271
FAX　東京　(03) 3239-0479
e-mail　text-e@asahipress.com
振替口座　00140-2-46008
www.asahipress.com
組版／メディアアート　製版／錦明印刷

乱丁・落丁本はお取り替えいたします。
ISBN978-4-255-15676-7